HET JESUSGEBED

Een eenvoudige inleiding om te komen tot de beoefening van het Jezusgebed

UITGEVERIJ ORTHODOX LOGOS

HET JESUSGEBED

Een eenvoudige inleiding om te komen tot de beoefening van het Jezusgebed

Archimandriet Adriaan (Korporaal)

Eerder gepubliceerd in:
Uitgave van de Nederlandse Orthodoxe Kerk
Den Haag

© Uitgeverij Orthodox Logos, Nederland 2025
www.orthodoxlogos.com

ISBN: 978-1-80484-249-2

Niets uit deze uitgave mag worden vervelvoudigd en/of openbaar gemaakt door middel van druk, fotokopie, microfilm of op welke andere wijze ook zonder voorafgaande schriftelijke toestemming van de uitgever.

Archimandriet Adriaan (Korporaal)

HET JESUSGEBED

EEN EENVOUDIGE INLEIDING OM TE KOMEN TOT DE BEOEFENING VAN HET JEZUSGEBED

UITGEVERIJ ORTHODOX LOGOS

Bid zonder ophouden

1 Thessalonicenzen 5:17

INHOUDSOPGAVE

Heer Jezus Christus,
Zoon van God, ontferm U
over mij, zondaar 7

Over het Jezusgebed 12

Citaten 67

HEER JEZUS CHRISTUS, ZOON VAN GOD, ONTFERM U OVER MIJ, ZONDAAR

In verschillende verhandelingen over het Jezusgebed, zoals we die ook vinden in de *Philokalia*, staan instructies over de wijze waarop de geest in het hart kan worden gebracht door het toepassen van speciale ademhalingstechnieken. Op dit gebied heerst veel verwarring, en verschillenden hebben zichzelf schade toegebracht door een onjuiste toepassing.

Het is goed om deze technieken níet te gebruiken, tenzij ze zich geheel vanzelf tijdens het gebed instellen. Het enige wezenlijke waar het om gaat is dat we onze geest en ons gemoed geheel richten op het gebed. De rest is goddelijke genade en komt tot stand wanneer God dat wil.

Al die methoden komen in wezen neer op, en zijn te vervangen door, de volgende raad: Herhaal het gebed zonder enige haast, maak liever een korte pauze na elke herhaling en blijf rustig en gewoon ademhalen. Dan komt alle rest vanzelf.

Theofaan de Kluizenaar:

Het gaat er niet om het Jezusgebed alsmaar te herhalen; dat is maar een middel. Het gaat om het zich voortdurend bewust zijn van God: een zich in Zijn tegenwoordigheid weten, of we nu spreken, lezen, waken of iets onderzoeken.

God is altijd bij ons: laten wij ons er dan op toeleggen dat onze gedachten altijd bij God zijn. Om dit te bereiken maakten onze Vaders er een gewoonte van een kort gebed voortdurend te herhalen. Dan herinnert het vanzelfkomende gebed ons aan God, en de herinnering aan God brengt ons tot bidden. Zo ontstaat er een nuttige kringloop, waar beide delen elkaar in stand houden.

Delf diep in het Jezusgebed, met alle kracht die in u is. Het zal u tot een geheel maken, u een bewustzijn van kracht geven in de Heer, en het zal ervoor zorgen dat u altijd met Hem zult zijn, hetzij alleen of met anderen samen, wanneer u uw arbeid verricht, wanneer u studeert en wanneer u bidt.

Maar dan moeten we Zijn naam wel aanroepen met een volledig en onwankelbaar geloof, in de diepe overtuiging dat Hij vlak bij ons is, dat Hij ons ziet en hoort en aandacht aan ons schenkt, dat Hij bereid is om onze bede te vervullen en ons te schenken wat we zoeken. Zulk een vertrouwen wordt niet beschaamd.

U moet ook vast geloven dat onze Heer Jezus Christus reeds in u is: door de kracht van de doop, door het ontvangen van de communie, zoals Hij dat immers beloofd heeft. En als uw geloof klein is, bid dan tot God dat Hij het in u moge doen groeien en bevestigen, vast en onwankelbaar.

Het kennelijk doel waartoe onze geest geschapen werd is om de mens in bewust contact te brengen met God. De geest was in staat om God waar te nemen en alle goddelijke dingen te zien, net zoals we met onze lichamelijke ogen de dingen rondom ons waarnemen. Maar door de zondeval zijn de ogen van onze geest gesloten geraakt, alsof onze oogleden waren samengekleefd. Het oog blijft in stand en snakt naar licht: het voelt dat er licht bestaat, maar het contact is verbroken.

Denk ook aan de parabel over het zuurdeeg in het meel. In het begin is er nog niets van te bemerken; het blijft verborgen. Maar wanneer het goed door het meel gekneed is, begint het later zijn werking te tonen, want het deeg is er geheel van doortrokken.

Hoe kunnen we onze aandacht bij de Heer houden als we verantwoordelijk werk hebben te verrichten? In principe is dit heel eenvoudig: wat u ook doet, groot of klein, bedenk dat het de altijd aanwezige Heer is Die u deze taak opdraagt en Die erop toeziet hoe u die ten uitvoer brengt. Wanneer u deze gedachte vasthoudt in uw geest, dan zult u de volle aandacht kunnen besteden aan de taak die u verricht, en juist daardoor zult u zich de Heer herinneren. Daarin ligt het hele geheim van het christelijk gedrag in een verantwoordelijke positie.

        Amen.

OVER HET JEZUSGEBED

Er is reeds zoveel gesproken en geschreven over het Jezusgebed, dat ik mij ernstig heb afgevraagd of het zin had om daar ook nog mijn woord aan toe te voegen. Maar overziende wat onder mijn bereik viel, leek het nuttig om op Nederlands-nuchtere wijze daarover met u samen na te denken en vooral aandacht te schenken aan het begin van de weg, dat meestal slechts erg licht behandeld wordt.

Daarbij zou ik allereerst met nadruk willen wijzen op het volgende feit: het beoefenen van het Jezusgebed wil geen meditatiemethode zijn in de oosterse zin van het woord, die in deze tijd ook in het Westen als een soort modeverschijnsel opgeld doet. Daarbij wordt gestreefd naar radicale ontspanning, het inwendig tot rust komen en het daardoor openen van nieuwe mogelijkheden in de menselijke persoonlijkheid.

Dergelijke verschijnselen kunnen het Jezusgebed vergezellen, maar dan als toegift, niet als het doel ervan. Het enige waarvoor een orthodoxe christen zich inspant bij dit gebed, is om nader tot Christus te komen. Het is een manier om Zijn koninkrijk te zoeken en erin binnen te treden. Dan kunnen ons daarbij vele rijkdommen worden toegeworpen, zoals Christus ons belooft, maar alleen wanneer die niet in het centrum van ons verlangen staan. Wie zichzelf zoekt, zal alles verliezen: alleen wanneer we onszelf opgeven om eerst Christus te zoeken, zullen wij misschien ook die andere gaven mogen genieten als God dat nuttig oordeelt.

Men zou kunnen opmerken dat er een opmerkelijke gelijkenis bestaat tussen de lichaamstechniek, welke door verschillende schrijvers voor het Jezusgebed wordt aanbevolen, en die van yoga en de soefibeweging. Archimandriet Kallistos zegt hierover het volgende:

Er bestaat een opvallende gelijkenis tussen de lichaamstechniek die wordt aanbevolen door de Byzantijnse hesychasten, en die welke gebruikt worden in de yoga van de hindoes en in de soefibeweging. Is deze gelijkenis het gevolg van zuiver toeval, van een van elkander onafhankelijke doch overeenkomstige ontwikkeling? Bestaat er een rechtstreeks verband tussen het hesychasme en de soefibeweging? Sommige overeenkomsten zijn zo treffend, dat een beroep op zuiver toeval uitgesloten schijnt, maar wie is dan afhankelijk van de ander? Hier ligt een boeiend veld van onderzoek, alhoewel het bewijsmateriaal misschien te fragmentarisch is om definitieve conclusies te kunnen trekken. Daarbij mag vooral het volgende niet vergeten worden: naast een bepaalde gelijkvormigheid zijn er evenzeer sterke verschillen. Zo kunnen we zeggen: elk schilderij heeft een lijst, en al die lijsten bezitten bepaalde gemeenschappelijke kenmerken; en toch kunnen de schilderijen binnen die omlijsting volkomen verschillend zijn. En waar het op aankomt is het schilderij, niet de lijst. In het geval van het Jezusgebed vormen de lichaamstechnieken als het ware de omlijsting, maar de geestelijke aanroeping van Christus is het schilderij binnen die lijst. Deze 'lijst' rond het Jezusgebed toont inderdaad een zekere gelijkenis met verschillende niet-christelijke 'lijsten', maar dit mag ons niet het oog doen sluiten voor het unieke van het omsloten schilderij, voor de geheel onderscheiden christelijke inhoud van het gebed. Het voornaamste bij het Jezusgebed ligt niet in het herhalen op zichzelf, en ook niet in hoe wij zitten of ademen, maar 'tot Wie' wij spreken; en in dit geval zijn de woorden ondubbelzinnig gericht tot de mensgeworden verlosser Jezus Christus, de Zoon van God en de Zoon van Maria.

Maar laten we eerst eens de vorm van het Jezusgebed nader bezien. Deze is ontleend aan de smekende roep van de blinde langs de weg van Jericho (Lukas 18:35-43).

Te dien tijde toen Jezus Jericho naderde, zat er een blinde te bedelen langs de weg. Toen hij zoveel volk hoorde voorbijtrekken, vroeg hij wat er te doen was. Men vertelde hem dat Jezus de Nazarener voorbijging. Toen begon hij te roepen: Jezus, Zoon van David, ontferm U mijner. Die vooropliepen riepen kwaad tegen hem dat hij moest zwijgen; maar hij riep des te luider: Zoon van David, ontferm U mijner. Jezus bleef staan en liet hem bij Zich brengen. En toen hij dichtbij gekomen was, vroeg Hij hem: Wat wilt u dat Ik voor u doe? De blinde antwoordde: Heer, dat ik zien kan. En Jezus sprak tot hem: Word ziende! Uw geloof heeft u gered. En terstond kon hij zien; en hij volgde Hem terwijl hij God verheerlijkte. En heel het volk dat dit zag, bracht eer aan God.

De christenen herkenden in deze roep, in deze schreeuw mogen we wel zeggen, hun eigen verlangen, en we hebben deze bede overgenomen en nader omschreven. Wij weten immers Wie deze Zoon van David in werkelijkheid is: niet alleen de Christus, de beloofde Messias, maar allereerst de eengeboren Zoon van de levende God, Die uit ontfermende liefde als mens in deze wereld gekomen is om ons te verlossen. En juist dit inzicht brengt ons tot het besef wat wij zelf zijn, 'die roepende 'ik', voor wie wij bidden, want Gods volkomenheid werpt een schel licht op onze gebrokenheid. En wij kunnen niets anders dan onszelf als zondaar zien tegenover de heilige God. De bede van de blinde vullen we daarom aan met de bede van de tollenaar uit hetzelfde hoofdstuk van Lukas, die van verre bleef staan en de ogen zelfs niet durfde op te heffen, maar die zich op de borst sloeg en klaagde: "God, ontferm U over mij, zondaar"; wees mij, zondaar, genadig (Lukas 18:10-14).

Zo is dan de volledige vorm van het Jezusgebed tevoorschijn gekomen: "Heer Jezus Christus, Zoon van God, ontferm U over mij, zondaar."

We kunnen ons afvragen hoe het komt dat juist deze gebedsroep zo sterk tot het christelijk bewustzijn spreekt en daardoor het meest gebruikte gebed is geworden, zeker bij de orthodoxe christenen, maar toch ook bij anderen. We kunnen een aantal omstandigheden aanwijzen, die in elkander grijpen en elkaar versterken.

Beginnen we met een aspect, dat ons op het eerste gezicht als 'vreemd' treft: de herhaling.

Wanneer wij dringend om iets vragen, en zeker wanneer we in nood verkeren, dan vallen we vanzelf in herhaling; waar het hart van vol is, daar loopt de mond van over. Christus leert ons Zelf, hoe wij moeten aandringen in het gebed. Nadat Hij aan Zijn leerlingen het Onze Vader had geleerd, gaat Hij verder:

Stel, iemand heeft een vriend; midden in de nacht gaat hij naar hem toe en zegt: Vriend, leen mij drie broden, want een vriend van mij is van de reis bij mij aangekomen, en ik heb niets om hem voor te zetten. En dat deze dan van binnenuit zou antwoorden: Val mij niet lastig, want de deur is al op slot, en mijn kinderen en ik zijn naar bed; ik kan niet opstaan om het te geven. Ik zeg u: als hij al niet opstaat en het hem geeft omdat hij zijn vriend is, zal hij toch opstaan en hem geven wat hij nodig heeft om zijn hardnekkig aandringen. Zo zeg Ik ook tot u: Vraagt en u zal gegeven worden; zoekt en gij zult vinden; klopt en men zal u opendoen. Want al wie vraagt verkrijgt; wie zoekt vindt; wie klopt wordt opengedaan. Immers, is er soms onder u een vader die aan zijn zoon een steen zal geven als deze hem om brood vraagt? Of als hij een ei vraagt, zal hij hem toch geen schorpioen geven? Als u dus, ofschoon u slecht zijt, goede gaven aan uw kinderen weet te geven, hoeveel te meer zal dan uw Vader in de hemel de Heilige Geest geven aan wie erom vragen! (Lukas 11:5-13)

En toen Hijzelf door doodsangst was bevangen, bad Hij steeds opnieuw: "Vader, als U wilt, neem deze kelk van Mij weg ..."

Ook de blinde blijft zijn smeekbede uitroepen, steeds opnieuw, zodat het de omstanders begon te vervelen en ze hem toesnauwden om zijn mond te houden. Maar hij ziet in Jezus zijn enige hoop. Wie zou zich laten intimideren wanneer zich zulk een geweldige mogelijkheid aandient, die waarschijnlijk nooit meer terugkomt? Hij wil die kans dus benutten en roept steeds luider: "Heer Jezus, Zoon van David, ontferm U over mij!" En hij bereikt zijn doel: Jezus blijft staan, laat hem bij zich brengen en vraagt wat hij wil. En uit de grond van zijn hart antwoordt de blinde: "Heer, dat ik zien mag."

Hier ontmoeten we een nieuwe reden waarom deze gebedsroep van de blinde zoveel voor ons betekent. Want is niet de diepste wens die in ons leeft, dat wij mogen zien:

dat wij werkelijk mogen zien in de duisternis die ons omringt? We behoren tot de gevallen mensheid; we zijn blindgeborenen wat betreft het inzicht in de werkelijkheid waarin wij geplaatst zijn. Misschien niet geheel en al blind, maar dan toch in zulk een mate bijziende, dat we vrijwel even erg gehandicapt zijn. We stoten ons aan zoveel wat om ons heen gebeurt. We zouden zo graag een overzicht hebben, de zin van dit alles waarnemen: de zin van ons leven en de zin van het leven van zovele anderen die onder onze aandacht vallen. Op een vage manier bemerken we dat er een volle realiteit bestaat, die zich tot in de oneindigheid uitstrekt, een goddelijke werkelijkheid, waarvan onze aardse realiteit slechts een onderdeeltje uitmaakt, zoals de dingen die de blinde onder zijn tastbereik heeft. Wat zouden we graag willen zien hoe in die grote werkelijkheid de verhoudingen liggen. We vermoeden iets van een alles overtreffende heerlijkheid, maar hoe graag zouden we die stralende schoonheid met onze ogen aanschouwen, zoals onze lichamelijke ogen zich zo gretig richten naar de schoonheid te midden van de treurigheid van de ons omringende schepping. Wat een diepe weerklank vindt die wens van de blinde in ons hart: "Heer, dat ik zien mag ..."

Die innige wens heeft gehoor gevonden bij Christus, zoals Hij ook de blinde verhoord heeft. En daarmee komen we tot een nieuw motief dat opklinkt in deze symfonie van het Jezusgebed, en dat als een antwoord is op de voorafgaande vraag, namelijk het Thabor-motief. We weten welk een grote rol dit speelt in het orthodox bewustzijn. Toch wil ik er nog even nader op ingaan.

Het gaat om de verheerlijking van Christus op de berg Thabor, de gedaanteverandering, de transfiguratie. Deze benamingen suggereren dat er een verandering plaatsvond in Christus. Maar in het evangelie staat: "Hij werd voor hun ogen van gedaante veranderd" (Mattheüs 17:2). We zouden eerder kunnen zeggen: hun ogen werden veranderd.

Zij kregen het vermogen om iets te zien van een steeds aanwezige werkelijkheid. Zij konden dit nog niet verdragen; het geweld van die indruk verpletterde hen, en zij vielen machteloos ter aarde.

Diep is in de orthodoxie het besef verankerd dat dit Thaborlicht nog steeds op aarde schijnt, dat de wereld reeds getransfigureerd is, maar dat wij nog niet in staat zijn om het te zien. Aan begenadigde mystici is dit gezicht gegeven, en aan enkele anderen op hoogtepunten van hun leven. Denk aan het ontroerende verslag van de koopman Motovilov over zijn ontmoeting met de heilige Serafim, in het duister besneeuwde Russische woud.

Dit motief van het Thaborlicht leidt op volmaakt natuurlijke wijze naar het volgende thema, dat in de vespers van dit feest bezongen wordt: "De leerlingen aanschouwden de oorspronkelijke luister van de ikoon, volgens welke God de mens geschapen had ..." God had hem immers geschapen "volgens Zijn ikoon en gelijkenis ..." zoals het boek van de schepping zegt (Genesis 1:27). Christus is de Mens bij uitstek: in Hem is de heerlijkheid van het ikoon-zijn van God ten volle geopenbaard. Want in de mensheid is Gods ikoon verduisterd geraakt door de zonde; en het vermogen om die ikoon te zien is deerlijk verzwakt.

Juist wanneer wij iets van die glorievolle werkelijkheid beginnen te zien, dan overvalt ons het besef van onze eigen verduistering, van onze zondigheid en ons tekortschieten. Daarom vielen de apostelen op de Thabor geheel overweldigd ter aarde. Zoals Petrus na de wonderbare visvangst ook uitriep: "Heer, ga weg van mij, want ik ben een zondig mens …" (Lukas 5:8).

Daarmee is de eerste ring gesloten van de thematiek van het Jezusgebed. U ziet hoe harmonisch de verschillende thema's die erin opklinken met elkaar verweven zijn: hoe het ene voortvloeit uit het andere; hoe ze elkaars betekenis versterken en samen de voornaamste inhoud van het christelijk bewustzijn omvatten: zondeval en verlossing; blindheid en verlichting; de mensheid in God en God in de mens; menselijke armoede en het door God weer geopende paradijs; de verduisterde schepping en het alles overstralende licht van de verheerlijking; ons onvermogen om te zien en Christus' genezende liefde; de grootsheid van de profetie en de daar nog ver bovenuitgaande vervulling. En we leren het lijden te zien als de noodzakelijke prijs van de heerlijkheid.

Hiermee is reeds een duidelijke verklaring gegeven voor waarom het Jezusgebed het meest geliefde gebed is van de orthodoxie. Maar er is nog een factor, die door archimandriet Kallistos genoemd wordt: "de Kracht van de naam". Reeds onze liefde voor Christus dringt ons om Zijn naam gretig in de mond te nemen. Dit werd door Hem voorzien, en Hij spreekt er ook over met Zijn apostelen dat zij in Zijn naam zullen bidden.

Alle Bijbelse gebeden cirkelen rond de naam van God: "De naam des Heren zij geprezen, van nu af tot in eeuwigheid", dat is het steeds weerkerende refrein, dat honderdvoudig gevarieerd wordt in alle gebeden van de Schrift, dus vooral in de psalmen. Het is niet alleen een dringend gebed, maar het aanroepen van Gods naam betekent ook: Zijn kracht tegenwoordig stellen, werkzaam maken, in onze levenskring binnenlaten.

In al deze opzichten stelt Christus met grote nadruk Zijn eigen naam daarvoor in de plaats. In het hooglied van de liefde, de afscheidsrede van Christus bij het Heilig Avondmaal, spreekt Hij daar telkens opnieuw over, om het diep in de harten van Zijn leerlingen te prenten.

Voorwaar, Ik zeg u: Al wat u de Vader zult vragen in Mijn naam, dat zal Hij u geven. Tot nu toe hebt u niets gevraagd in Mijn naam. Vraagt en u zult het verkrijgen, en dan zal uw vreugde volkomen zijn. Deze dingen heb Ik in beelden tot u gesproken; het uur komt, dat Ik niet meer in beelden tot u zal spreken, maar u vrijuit de Vader zal verkondigen. Op die dag zult gij bidden in Mijn naam. En Ik zeg u niet dat Ik dan de Vader voor u vragen zal; want de Vader Zelf heeft u lief, omdat u Mij liefhebt, en omdat u gelooft dat Ik van God ben uitgegaan. (Johannes 16:23-27)

In de Handelingen van de apostelen zien we hoe de geest van alle leerlingen geheel vervuld is van Jezus' heilige naam. De naam 'christenen' bestond nog niet. Men sprak over hen als: "zij die de naam Jezus aanroepen" (Handelingen 9:14). De verhaalde wonderen worden verricht in Jezus' naam. Wanneer Petrus de verlamde geneest, zegt hij: "Zilver en goud heb ik niet, maar wat ik heb geef ik u: in de naam van Jezus Christus van Nazareth, loop!" En de verlamde begint te lopen en te springen en stormt de tempel binnen om God te loven. En wanneer hij hierom voor de Joodse Raad gebracht wordt, getuigt Petrus: "Er is onder de hemel geen andere naam aan de mensen gegeven waardoor wij gered kunnen worden." (Handelingen 4:12)

Het voorafgaande zou een analyse genoemd kunnen worden van de uitwendige factoren die aan het Jezusgebed zijn geliefdheid hebben verschaft, en waardoor tevens de begrenzingen worden aangegeven van het gebied waarop dit gebed zich beweegt. Het bespreken van de innerlijke krachten die dit gebed beheersen, dwingt ons tot het maken van onderscheidingen. Er bestaan namelijk in de orthodoxie twee, ogenschijnlijk ver uiteenlopende manieren om het Jezusgebed te gebruiken.

De meest in het oog lopende manier is de wijze van bidden welke wordt samengevat in de naam 'hesychasme'. De hesychasten zijn de 'geweldenaars' waarover Christus spreekt: "Het koninkrijk der hemelen lijdt geweld, en die het geweld aandoen trekken het tot zich" (Mattheüs 11:12).

Zij hebben heel hun leven in dienst van het schouwen gesteld, de gehele wereld achter zich gelaten en zich teruggetrokken in stille kloosters of in de volstrekte eenzaamheid. Alles wat ze doen wordt ondergeschikt gemaakt aan het gebed. Zij leggen zichzelf de pijnlijkste kwellingen op; zij strijden met heldenmoed tegen verstrooidheid en verveling, tegen moedeloosheid en mislukking. Zij zijn de atleten van het gebed, van de strijd om het gebed; en hun voornaamste wapen in deze strijd is het Jezusgebed. Voor hen is dan ook allereerst de vakliteratuur geschreven die bijeen is gebracht in het verzamelwerk de *Philokalia*.

Maar al deze nadruk op het persoonlijk gebed mag ons niet doen vergeten dat, hoezeer dit ook in het middelpunt van hun gedachten staat, het toch altijd deel uitmaakt van een groot, omvattend levensgeheel, dat voor de orthodoxe monnikschrijvers zo vanzelfsprekend is, dat ze het onnodig vinden om het te vermelden. Maar voor ons, die in zulk een geheel andere omgeving leven, is het nodig om dit onszelf bewust te maken.

Ook het persoonlijkste gebed, wanneer het werkelijk gebed wil zijn, is de uiting van onze persoon als geheel. Maar als mens, en zeker als kind van God, staan we voor Hem niet alleen: we zijn lid van een organische gemeenschap: het lichaam van Christus, zoals Paulus zegt. Gezamenlijk zijn wij de in de wereld voortlevende Christus, Gods Kerk. En, zoals de heilige Paulus ons ook leert, deze is een eucharistische gemeenschap, die pas tot werkelijk leven komt in de gemeenschappelijke eredienst, bij het dankbare in herinnering roepen van Gods weldaden voor Zijn volk (eucharistie betekent: dankzegging).

In die gemeenschappelijke dankzegging is Christus levend aanwezig. Daar deelt Hij Zichzelf uit in Zijn vlees en bloed tot spijs van de gelovigen. Daar beleven wij gezamenlijk, door middel van de kringloop van het kerkelijk jaar, en in de gemeenschap der verlosten uit alle tijden, het grote geheel van het Christus-mysterie.

Daar spreken tot ons de profeten van het Oude Verbond en die van het Nieuwe Verbond: de kerkvaders en de hymnendichters, die dit mysterie voor ons ontvouwen en in al zijn facetten doen schitteren. Daar worden wij toegesproken door de heilige Paulus, de apostel bij uitstek, die ons "de breedte, de lengte, de hoogte en de diepte van het Christusmysterie" doet kennen (Efeziërs 3:18). En daar horen wij de woorden van onze Heer Zelf, Die dan volgens Zijn belofte levend bij ons aanwezig is: "Waar twee of drie tezamenkomen in Mijn naam, daar ben Ik in hun midden" (Mattheüs 18:20).

Binnen dit levensomvattend verband kunnen wij dan nog op een bijzondere wijze geroepen worden om ons persoonlijk leven te wijden aan het Jezusgebed; om met goddelijke hulp de strijd op te nemen tegen de verdeeldheid van onze persoon, en om al onze krachten te concentreren op dit ene doel: het levend ervaren van Gods aanwezigheid. Dan kan, meestal slechts na lang betoonde trouw, een toestand bereikt worden van volkomen overgave, waar alle lagere verlangens tot zwijgen zijn gebracht, zijn opgebrand; en heel het bewuste en onbewuste leven is opgenomen in de stralende helderheid van de goddelijke werkelijkheid. De beweging die dit systematisch nastreeft heet hesychasme.

Ik hoop met de voorgaande beschouwing enigszins duidelijk gemaakt te hebben dat deze bepaalde gebedsmethode niet losgeweekt kan worden uit een christelijke levenswijze, waarmee ze in alle vezels organisch verbonden is. Het gebed laat zich niet gebruiken om op gemakkelijke wijze mystieke ervaring op te doen. Het is niet een geestelijke hasjisj voor een imitatie-ervaring. Verschillende geestelijke schrijvers waarschuwen tegen de gevaren die onberaden stappen op dit gebied meestal met zich meebrengen. Geestelijke groei kan niet versneld worden met kunstmest. Het is iets dat door God aan ons gebeurt, wanneer wij ons met geduld openstellen, aan onszelf werken en ons inspannen om de beletselen uit de weg te ruimen, die onze aard en onze gemakzucht aan die groei in de weg stellen.

Maar liever wil ik u laten zien dat er nog een andere manier is waarop het Jezusgebed beoefend wordt. Het is niet de spectaculaire wijze van de mystiek gegrepenen, de kleine groep der uitverkorenen, maar de meer bescheiden manier van de grote massa orthodoxen, die hun leven, hun roeping, ernstig willen beleven, maar zich niet geroepen weten tot het buitengewone.

Het doel van het Jezusgebed voor ons, gewone gelovigen, is niet het bereiken van mystieke ervaring, maar het vasthouden van het contact met Christus.

Door de toediening van de doop; door het vieren van de heilige mysteriën, waar wij Christus in Zijn lichaam en Zijn bloed in ons mogen opnemen; door de werking van de Heilige Geest, Die in ons is, uitgestort in het mysterie van de myronzalving; zijn wij in feite opgenomen in de wijde goddelijke werkelijkheid, waar de aardse realiteit slechts een onderdeel van uitmaakt.

Toch is door dit alles nog slechts een begin gemaakt. Dit goddelijk leven in ons moet groeien, moet het sturend beginsel worden van al onze handelingen, moet macht krijgen over al onze gedachten en wensen. Daarom moeten wij het bewust beleven, het telkens in onze gedachten oproepen, onszelf eraan herinneren, de betekenis ervan proberen te doorgronden, het onderling verband van de dingen leren zien, zoeken naar de diepere grond van al wat ons overkomt en wat ons allen overkomt: de vinger Gods naspeuren in heel ons leven.

Daartoe moeten we natuurlijk allereerst Christus Zelf steeds beter leren kennen; en waaruit leren wij Hem beter kennen dan uit Zijn eigen woorden? Het is dan ook een vaste traditie dat wij elke dag iets in het evangelie lezen. Daar ontmoeten wij de persoon van Christus in Zijn grootheid en in Zijn menselijke aantrekkelijkheid. Daar vinden wij de grondstof die in ons een echte vriendschap met Hem doet ontstaan. Hij is zulk een rijke persoonlijkheid, zoveel verschillende gaven zijn in Hem aanwezig, dat wij ons allen op de ene of de andere wijze aangesproken voelen en dat wij wensen Hem persoonlijk te kennen, met Hem om te gaan, Hem in ons leven binnen te halen.

Een tweede wijze om Hem te leren kennen is het beleven van de kerkelijke eredienst. Dit is niet zozeer een andere manier, maar het betekent een wezenlijke verrijking van onze kennis over Christus. Door God gegrepen, begaafde mensen, met groot verstand, vele talenten, en begiftigd met het vermogen van de dichter om innerlijke belevenissen in woorden uit te drukken, hebben de schatten van de geestelijke werkelijkheid op schrift gesteld, die in de gezamenlijke viering tot leven wordt gebracht. De gebundelde waarheid van de heilige Schrift wordt daarin tot een overzichtelijk spectrum uitgespreid, dat zich in de tijd uitstrekt over de loop van het kerkelijk jaar.

Zo worden wij, in een soort spiraalbeweging, van jaar tot jaar in aanraking gebracht met alle fasen van het goddelijk verlossingswerk, vanaf de voorbereiding tot Gods menswording, de blijdschap van de verkondiging, de droefheid over het mislukken van Zijn boodschap, de vernederingen van het lijden, tot aan de glorie van Zijn opstanding uit de doden, Zijn thuiskeer in de hemelvaart en de volheid van de Geest in het pinksterfeest.

Dit alles zijn niet historische herdenkingen, maar in de gezamenlijke viering wordt het levende werkelijkheid en aanwezigheid. Het is wezenlijk voedsel, waaruit wij groeien en waarmee wij ons geestelijk leven opbouwen. Dat is de kracht van het lichaam van Christus, de geestelijke werkelijkheid van de voortlevende Christus op aarde, Zijn Kerk, waarvan Hij het hoofd is, en waarvan wij geroepen zijn om als ledematen te groeien.

Op deze wijze gesterkt gaan wij uit naar het leven van alle dag, naar het werk dat onze opdracht is, een opdracht van God, Die ons op deze plaats in het leven heeft gesteld.

Maar naast dit alles zijn er sterke krachten die een wig willen drijven tussen ons denken en handelen en ons echte zelf, waar wij met Christus leven. Ons werk en onze omgeving, onze eigen wispelturigheid en zucht naar verstrooiing leggen beslag op ons, eisen onze aandacht op, trekken ons omlaag, beloven ons amusement, maar zonder wezenlijke vreugde.

Wij moeten strijden, tegen de gemakkelijke loop van het leven ingaan, ons leven in eigen hand nemen en ons niet alleen maar passief laten leven.

Ook hier is weer het strijdmiddel bij uitstek: het gebed, het persoonlijk gebed. Want onze eigen vermogens zijn te zwak; wij kunnen dit niet op eigen kracht bereiken. Zonder Gods hulp delven wij het onderspit. En dan vallen we bijna vanzelf terug op de hulpkreet van de blinde: Heer Jezus Christus, Zoon van God, ontferm U over mij, zondaar.

Het is echter 'bijna' vanzelf, niet 'geheel' vanzelf. Hier blijkt welk een grote hulp het systematisch beoefenen van het Jezusgebed ons verleent. In zekere zin is het een kwestie van leren, zoals we bijvoorbeeld een taal leren. We moeten er ons toe zetten, er een bepaalde tijd voor vrijmaken, ons enige inspanning getroosten.

Het nu volgende berust op persoonlijke ervaringen, en die kunnen natuurlijk ook beïnvloed worden door verschil in karakter en omstandigheden. Maar misschien kan toch de een of ander er enig nut uit trekken.

Belangrijk is het begin. We moeten enige tijd intensief bezig zijn met het Jezusgebed. Dat is een psychologische kwestie: de belangstelling is nog fris, het verlangen is gewekt, er is een zeker gemak om ons ertoe te zetten. Daar moeten we gebruik van maken nu die gelegenheid zich voordoet, want later zal de inspanning ons veel zwaarder vallen. En dan blijkt weer de waarheid van het spreekwoord: van uitstel komt afstel.

Daarbij schijnt het nuttig om er ons in die tijd helemaal op te werpen, ieder vrij ogenblik van de dag en tussen ons werk te benutten, op gevaar af dat men opmerkingen zal maken over onze afgetrokkenheid. Dit alles natuurlijk in zoverre het met onze plichten verenigbaar is. Het gaat er immers om een gewoonte aan te kweken, een psychisch hulpmiddel om onze gedachten in goede banen te leiden, onze verbrokkeldheid te genezen, een bepaald model aan onze persoonlijkheid te geven.

Het gaat erom dat wij leren onze gedachten te verzamelen. We zijn nooit zonder gedachten, maar meestal is er geen lijn in. Een toevallige gedachte duikt op, roept door een of andere associatie een herinnering wakker, springt door een kleine gelijkenis op iets heel anders over. Sommige kerkvaders vergelijken ze met een doos zoemende vliegen, een voortdurend gedruis van hot naar haar, zonder echte betekenis. We horen iets, denken aan wat we doen moeten, wat we zouden willen doen, wat we gezien hebben, enzovoort.

Het Jezusgebed is een machtig middel om deze ongerichte, scheppende kracht die in ons aanwezig is, richting te geven. Laten we daarbij niet te veel tegelijk willen. In de literatuur over het gebed lezen we uitstekende raadgevingen: dat we onze gedachten moeten stilhouden, niet zelf moeten denken, maar luisteren naar de Heilige Geest Die in ons bidt. Dat is allemaal volkomen waar, maar als we alles tegelijk proberen te bereiken, dan blijkt dat niet te lukken. We worden moedeloos, en de bekoring wordt sterk om alles maar op te geven omdat we blijkbaar boven onze macht gegrepen hebben.

Het is voor de meesten van ons veel verstandiger om stap voor stap te werk te gaan. Christus Zelf is hier onze leermeester. Nadat Hij eens geheel en al in gebed verzonken was geweest, kwamen de leerlingen bij Hem en smeekten: "Heer, leer ons bidden, zoals ook Johannes aan zijn leerlingen geleerd heeft" (Lukas 11:1). Christus geeft daarop eigenlijk een heel eigenaardig antwoord. De apostelen vroegen Hem ongetwijfeld naar een gebedsmethode: als vrome Joden kenden ze immers genoeg gebeden. Maar Christus gaat daar in het geheel niet op in, maar Hij leert hun het onsterfelijk-schone Onze Vader, waarbij de nadruk geheel en al op de inhoud van de woorden ligt. Het is alsof Hij zegt: de methode is onbelangrijk, het gaat erom sterke gedachten te hebben, die onze aandacht vasthouden. Daarom is het zo belangrijk dat wij onszelf bewust maken van de rijke inhoud van het Jezusgebed.

Wanneer wij een eenvoudig gebed gaan bidden om onszelf te leren onze aandacht vast te houden, dan moeten wij ons, om te beginnen, vastklampen aan de inhoud van de woorden. Deze inhoud is rijk genoeg, zoals we gezien hebben, en we hebben heus wel enige tijd nodig om de volle betekenis ervan tot ons te laten doordringen en tot ons geestelijk bezit te maken. Daarbij gaat het niet om diepzinnige overpeinzingen, maar om ons de persoon van Christus, tot Wie wij immers roepen, zo helder mogelijk bewust te maken. Niet hoe Hij er misschien zou hebben uitgezien, maar Zijn wezen, Zijn goedheid en barmhartigheid, Zijn mensenliefde (*philanthropia*) zoals de orthodoxe gebeden zo gaarne zeggen; Zijn edelmoedigheid en Zijn moed; Zijn zelfvernedering en zelfontlediging (*kenosis*); de warmte die van Hem uitgaat, welke nu, na negentien eeuwen, ons nog tegemoetkomt uit het evangelie.

Het is geen abstracte Godheid tot Wie wij ons richten, maar een levende persoon, van ons vlees en ons bloed, maar Die tegelijkertijd ook onze God is: de God Die ons geschapen heeft, Die het heelal heeft geformeerd met heel de oneindigheid van zon en maan en sterren; Die de aarde heeft ingericht als een paradijs voor de levende wezens om daar te wonen; Die in onoverzienbare wijsheid hen allen in onderlinge afhankelijkheid als een levend vlies over de wereld heeft uitgespreid; en Die tenslotte Zichzelf geheel en al overgeleverd heeft omwille van ons.

Dat is Degene tot Wie wij ons richten, tot Wie wij roepen, telkens opnieuw:

HEER JEZUS CHRISTUS, ZOON VAN GOD, ONTFERM U OVER MIJ, ZONDAAR.

Elk van de tien woorden van dit gebed is zo vol betekenis. Juist omdat we hier in verbinding treden met de absolute realiteit, moeten we ieder woord in zijn volle zwaarte proberen te wegen.

Neem alleen het eerste woord: "Heer". Wat houdt het voor ons in, wanneer wij Christus werkelijk als 'Heer' erkennen over ons leven? Welk een verantwoording nemen we daarbij op ons?

Christus heeft harde woorden gesproken over hen die tot Hem zeggen: "Heer, Heer," maar daar geen consequenties aan verbinden.

Niet iedereen die tot Mij zegt: Heer, Heer, zal binnengaan in het koninkrijk der hemelen; alleen wie de wil volbrengt van Mijn Vader Die in de hemelen is. Velen zullen op die dag tot Mij zeggen: Heer, Heer, hebben wij niet in Uw naam geprofeteerd, en in Uw naam boze geesten uitgedreven, en in Uw naam vele krachten gedaan? En dan zal Ik hun openlijk zeggen: Nooit heb Ik u gekend: gaat weg van Mij, gij die ongerechtigheid doet. (Mattheüs 7:21-23)

En dan moeten wij ook bedenken hoe Hij gezegd heeft:

Een leerling staat niet boven zijn meester, noch een dienaar boven zijn heer. Het is genoeg voor de leerling om te worden als zijn meester, en voor de dienaar als zijn heer. Indien men de heer des huizes Beëlzebul heeft genoemd, hoeveel te meer dan zijn huisgenoten! (Mattheüs 10:24-25)

Wij moeten bereid zijn om deel te hebben aan Zijn lot. Hij is niet gekomen om ons een gezellig aards leven te bezorgen, maar om onze verhouding tot God te herstellen, zelfs al zou dit ons het aardse leven kunnen kosten. Het leed dat over Hem gekomen is, kan ook ons treffen, zoals het reeds zovelen van onze broeders en zusters getroffen heeft, ook in deze tijd.

Wij zullen, zoals de helden van het geloof, er zelfs een zekere vreugde in moeten scheppen om voor Hem te mogen lijden. Zijn we ons er wel van bewust wat wij over ons afroepen wanneer wij Hem 'Heer' noemen? Want Hij is onze Heer, niet alleen als onze schepper, maar ook als de gekruisigde, de verworpene, de door God verlatene; Die door het lijden heen tot 'Heer' geworden is: in Zijn 'heer'-lijkheid is ingegaan.

Dit 'Heer-zijn', deze 'heer'-schappij, heeft invloed op elk aspect van ons leven, en die volheid kan ons steeds opnieuw aan het denken zetten.

Over de naam 'Jezus Christus' hebben we al gesproken. Maar de toevoeging daaraan: 'Zoon van God,' daarin ligt heel de eigensoortige theologie van het christendom besloten. Het algemene godsbegrip delen we met verschillende filosofische stelsels en wereldbeschouwingen. Maar dat de God, Die bij definitie ons verstand volkomen te boven gaat, Zichzelf aan ons kenbaar gemaakt heeft als Vader en Zoon en Geest, dat maakt de wezenlijke vreugde uit van het christen-zijn. Dat is de blijde boodschap die door de apostelen gepredikt werd. In de redevoering die de heilige Paulus houdt voor het college van de Areopaag horen we hoe hij deze gedachte uitwerkt:

Mannen van Athene, ik zie voor mijn ogen hoe zeer u godsdienstig zijt; want toen ik door de stad liep en de voorwerpen uwer verering aanschouwde, heb ik ook een altaar gevonden met het opschrift: Aan God, de onbekende.

Wat u dan, zonder het te kennen vereert, dat verkondig ik u: de God Die de wereld met al wat daarin gemaakt heeft, Die de Heer is van hemel en aarde, woont niet in tempels die door mensenhanden gemaakt zijn. Hij laat Zich ook niet door mensen dienen alsof Hij nog aan iets behoefte had, want Hij is het Zelf Die aan allen leven en adem geeft en alles wat ze nodig hebben. Hij heeft uit één mens het gehele menselijk geslacht gemaakt, opdat zij God zouden zoeken, of zij Hem al tastende vinden mochten, daar Hij niet ver is van ieder van ons. Immers in Hem leven wij, bewegen wij ons en zijn wij. (Handelingen 17:21-28)

De tijd der onwetendheid is voorbij. God heeft Zich doen kennen door Zijn Zoon, Zijn eengeborene, op aarde te zenden, bekleed met ons vlees, deelachtig aan ons lot van lijden, verworpenheid en dood. En Deze is door goddelijke kracht uit de doden opgestaan, niet voor Zichzelf, maar voor ons, om ons met Zich mede op te wekken tot een eeuwig, goddelijk leven. "Waar is, o dood, uw prikkel? Waar, o hades, uw overwinning?" (1 Korintiërs 15:55). De dood, de uiterste vijand van het mensengeslacht, is overwonnen, is krachteloos geworden, is vertreden. In Christus zijn wij een nieuw schepsel. Ons oude leven is in de doop begraven; en wij zijn uit het doopbad opgerezen, bekleed met Christus, geroepen tot een nieuw leven.

Zo helpt het gebed ons om Christus tot een levende realiteit te maken in ons leven; eerst in ons bewuste leven, maar naarmate wij volharden ook in ons minder bewuste leven, in de eigenlijke kern van onze persoon.

Wanneer we ons op deze wijze enige tijd intensief met het Jezusgebed hebben beziggehouden, zullen we de ervaring opdoen dat het gebed 'zichzelf begint te bidden'. Wanneer we wakker worden dan duikt zachtjes in onze herinnering op: Heer Jezus, Zoon van God, ... Laten we het dan met vreugde begroeten en onze bewuste geest erop richten, om die gewoonte in onszelf aan te moedigen en te bevorderen.

Als we in nood verkeren zal die gebedsroep in ons opstijgen: we roepen, ja we schreeuwen inwendig tot Hem, dat Hij zich over ons mag ontfermen. Ook dit kan ik verzekeren uit eigen ervaring. In de pijnlijkste ogenblikken van ons leven kunnen we zo ondervinden dat Hij nabij is. Hij heeft immers het eerst geleden, Hij weet wat lijden is; en juist wanneer wij ook lijden, zijn we dichter bij Hem, treden nader met Hem in gemeenschap, dan we ooit door onze daden zouden kunnen bereiken.

Wanneer we zo de taal van het gebed geleerd hebben, dan is onze geest veel sneller tot bidden bereid. Dan krijgt de dag een volheid die we eerst niet kenden. Alle ogenblikken van gedwongen wachten worden nu een gelegenheid tot rijkste bezigheid; er is geen 'verloren tijd' meer.

Vaak doen we werk dat niet onophoudelijk onze volledige aandacht nodig heeft, en dan kunnen wij het gebed met het werk verenigen. Zelfs in het moeilijkste werk zijn er adempauzen, waarin wij door die eenvoudige spreuk onszelf weer tot God kunnen richten. Op die manier kunnen wij de opdracht uit de brief van Paulus ten uitvoer brengen: "Bid zonder ophouden" (1 Thessalonicenzen 5:17).

Wanneer het leven ons hard valt, dan brengt het gebed ons tot het besef dat we niet alleen staan, dat Christus bij ons is en in ons is, en dan proeven we de waarheid van Paulus' woord, dat wij in Hem leven en ons bewegen en zijn.

Naar de mate waarin dit besef in ons levend wordt, brengt het gebed ook het antwoord op ons verlangen naar "zien". Wel nog niet de stralende werkelijkheid die de mystici in hun extase mogen aanschouwen, maar reeds wordt de sluier opgelicht. De mist die ons verblindde begint op te lossen, de contouren van de goddelijke dingen worden zichtbaar, zoals de bergen zich beginnen af te tekenen in de optrekkende nevel. We worden iets gewaar van Gods aanwezigheid in de mensen en in de dingen.

Ieder zal in dit opzicht aangesproken worden volgens zijn eigen aard en ontwikkeling. Laat ik eens een voorbeeld geven van iets dat mij persoonlijk sterk treft.

Hoe geheimzinnig is de schijnbaar zo levenloze zwaartekracht: op het eerste gezicht het symbool bij uitstek van zwaarvalligheid, onbeweeglijkheid, dofheid. De zwaarte trekt ons omlaag op de aarde, maakt ons het bewegen en zeker het opstijgen moeilijk, en verandert ons lichaam in een loden last wanneer wij vermoeid of ziek zijn.

Sinds enkele eeuwen weten we echter dat die zwaarte de aardse uiting is van een algemene aantrekkingskracht die heel de stoffelijke schepping beheerst en bijeenhoudt, die de maan rond de aarde beweegt en de planeten hun grandioze reidans doet uitvoeren rond de zon. Op een, voor de wetenschap nog steeds ondoorgrondelijke wijze, strekt deze kracht zich uit tot onmetelijk verre afstanden. Er is absoluut niets bekend dat zich aan de greep van deze kracht kan onttrekken; zelfs het licht is eraan onderworpen. Deze kracht dringt door tot in de uiterste hoeken van het heelal en bepaalt de vorm van sterren en sterrenstelsels in heel hun stralende verscheidenheid.

Maar in onze jaren is een nog veel grootsere taak van de zwaartekracht aan het licht gekomen. We weten nu dat de sterren zelf hun ontstaan danken aan de tot het uiterste samengebalde energie van de zwaartekracht, waardoor ze opvlammen als zonnen en de ruimte vullen met de gloed van hun straling. En nog steeds gaat het werk van de zwaartekracht verder. In de onvoorstelbare druk en laaiende hitte van het sterrenbinnenste worden de simpele atoomkernen in elkaar gesmeed, waarbij het hele scala van zwaardere elementen ontstaat. Tenslotte wordt de daardoor oververhitte ster in een kosmische explosie uiteengescheurd, waardoor de nieuwgevormde elementen in de ruimte worden verdeeld.

Opnieuw gaat de zwaartekracht aan het werk. Zij veegt de nieuwe materie bijeen en balt ze samen tot planeten als onze aarde. Daar hebben de wonderlijke eigenschappen van die elementen het ontstaan van het leven mogelijk gemaakt, en dus ook van de mens, die uit sterrenzaad geboren blijkt.

Is deze geheimzinnige kracht die ordent en organiseert en tot leven wekt niet een glorieus symbool van Gods scheppende werking in heel de kosmos? Hoe duidelijk zien we daarin Zijn alomtegenwoordigheid waaraan niets zich kan onttrekken; hoe Hij het beginsel is dat alles met elkaar in verband brengt; dat alle beweging op elkaar afstemt; dat het heelal niet slechts een mechanische eenheid doet zijn, maar dat het maakt tot een in de wortels van zijn natuur samenhangend geheel; en hoe Hij de drijvende energie is van alle bestaan en beweging en leven. Is er een machtiger illustratie denkbaar van het reeds aangehaalde woord over God, in Wie wij leven en ons bewegen en zijn?

Bevat het ontstaan van zulk een inzicht niet iets van het Thaborlicht van Gods heerlijkheid die de schepping doorstraalt, doorzichtig maakt, transfigureert, iets van het echte wezen der dingen toont?

Ik wil dit natuurlijk niet vergelijken met een mystieke ervaring, welke op veel grotere hoogten in onze geest plaatsvindt. Maar ik geloof toch dat zulke momenten van inzicht wel in die richting wijzen, enigszins een brug kunnen slaan over de afstand die ons scheidt van de begenadigde vrienden van God.

Er is nog een andere manier waarop onze inwendige ogen kunnen opengaan. Een verblinde mensheid ziet overal rechten en stelt steeds hogere eisen naar alle kanten, totdat steeds meer geestelijke en lichamelijke kwalen, ontstaan door zielige gefrustreerdheid, elke levensvreugde uitdoven en de levensweg maken tot een platvloerse, grijze, taaie moddervlakte.

Maar als we bidden, dan leren we onszelf kennen. Dan zien we hoezeer we zelf tekortschieten en hoe bitter weinig reden we hebben om ergens recht op te doen gelden en dat recht op te eisen. Toch brengt dit inzicht in onze eigen treurige werkelijkheid geen droefgeestigheid maar juist dankbare blijdschap. Want dan beginnen we te zien hoe ontelbaar veel wij ontvangen zonder dat wij daar iets evenredigs tegenover kunnen stellen, en wat ons allemaal geschonken wordt om niet.

Om te beginnen het leven zelf en de lucht die wij inademen; de aarde die wij mogen bewonen en waar, ondanks veel menselijk vernielingswerk, toch nog zoveel splinters van het paradijs bewaard zijn gebleven. Wie heeft niet vol ontzag gestaan aan het strand van de zee; wie heeft zich niet verheugd in het laaiende rood van een zomerse zonsondergang; in de liefdevolle zachtheid van een bloem, van een pas ontloken beukenblad; in de juichende zang van een leeuwerik? Wie is niet onder de indruk gekomen van de verlokking van de oneindigheid onder een stralende sterrenhemel, of vanaf een hooggelegen bergtop?

En nog veel dichterbij: welk een warmte stroomt ons toe van hen die ons liefhebben: onze ouders, onze kinderen, hen met wie wij samen mogen leven. Zij zien in ons een waarde, terwijl we zelf weten hoezeer we onder de maat blijven. Welk een gaven ontvangen we niet, zelfs te midden van alle nood en tegenslag!

En wanneer we eens iets voor iemand hebben kunnen doen: weer wat moed gegeven, een ander perspectief geopend, een beetje vreugde verschaft, of slechts enige verlichting gebracht door begrijpend te luisteren: hoezeer is dan zulk een besef juist een geschenk voor onszelf!

Dan zien wij iets van die Goddelijke Geest Die door ons allen stroomt en in ons werkt; Die ons tot elkander brengt en banden schept. Op tastende wijze zien wij dan iets van de goddelijke werkelijkheid waarin wij mogen leven, die zich manifesteert te midden van lijden en mislukking, en die wij eens in zijn volle heerlijkheid zullen mogen aanschouwen.

Wanneer hiervoor onze ogen opengaan, dan ontwaakt in ons een diepe dankbaarheid jegens allen om ons heen, jegens God, Die ons door middel van hen Zijn liefde voor ons toont. En die dankbaarheid is geen geschenk dat wij geven, maar een rijkdom die wij ontvangen.

Dit zijn enkele voorbeelden, die natuurlijk voor een eindeloze uitbreiding vatbaar zijn. Elke mens is immers een geheel andere combinatie van mogelijkheden.

Maar wat ik met deze uiteenzetting poog te bereiken is de beoefening van het Jezusgebed wat los te maken van een enigszins zwevend esoterisme, waartoe veel beschouwingen geneigd zijn. Ik wil zo graag iets van de waarde ervan laten zien die het heeft voor het gewone aardse niveau, waarop de meesten van ons nu eenmaal verblijf moeten houden.

Misschien kan ik het beter zó zeggen: ik heb meer de nadruk willen leggen op de eerste beginselen, op de toestand van het leren. Wanneer op deze wijze, op een voor ieder bereikbaar niveau, een solide grondslag is gelegd van een vaste gebedsgewoonte, begeleid door een zichzelf openstellen voor de wezenlijke dingen en het heenzien door het oppervlakkige, dan is er een reële mogelijkheid gegeven tot verdere opbouw.

Immers, het gebed dat in ons werkt, is een levende kracht. Het is onze, nog onbeholpen uitspraak, van de Geest Die in ons bidt. Wanneer wij geleerd hebben om spontaan tot het gebed terug te keren, dan houden wij op een beletsel te zijn voor Gods inwerking. Dan krijgt het in ons neergelegde zaad de kans om te groeien door de daarin besloten levenskracht; dan doen wij het niet verdorren door gebrek aan aandacht, noch verstikken wij het door verstrikt te zijn in onze zorgen. En wanneer God ons roept, zullen wij eens komen tot het volledige gebed in de volle zin van het woord. Misschien sommigen van ons reeds in dit aardse leven, maar in elk geval wanneer wij eens opgegaan zullen zijn in de volle realiteit, die al dit aardse te boven gaat.

Wij mogen streven naar dit hogere gebed, maar het heeft geen zin om dat te doen voordat wij ons in het gewone gebed geoefend hebben. Maar wanneer wij daarin trouw zijn, dan zal Christus ons de weg tonen die wij nodig hebben; want Zijn trouw is groter dan de onze.

Voorvasten, 1977

CITATEN

Heilige Hesychios:

Een blindgeborene kan het licht van de zon niet zien. Wie niet geestelijk ontwaakt is, kan het stralende licht van de tot ons neerdalende genade niet waarnemen. In die waakzame oplettendheid vinden wij de gemoedstoestand van een blijvende rust, die alleen nog maar de gedachte kent van het uitspreken: "Jezus Christus, Zoon van God". Zo iemand strijdt moedig onder Zijn bescherming en belijdt uit geheel zijn hart Hem Die de macht bezit om zonden te vergeven. Door Hem onophoudelijk aan te roepen vindt de ziel Christus, Die de diepste grond van het hart doorvorst.

Heilige Dorotheos:

Wie alleen met de lippen bidt, maar zijn ziel veronachtzaamt en geen acht slaat op zijn hart, die bidt tot de lucht, en niet tot God. Hij doet vergeefse moeite, want het is God niet om onze woorden te doen, maar om de ernst van onze geest en onze vurigheid. Wij moeten bidden met alle gloed die wij kunnen opbrengen, met heel onze ziel en ons hart en ons verstand; in ontzag voor Gods grootheid, en met al onze krachten.

Heilige Barsanuphios:

Het is niet ons werk om keuze te maken tussen vruchten en bladeren. Laten wij eerst ons eigen werk doen en aan God de bladeren van onze goede wil en inspanning aanbieden. Dan zal Hij op Zijn tijd ons de vruchten schenken. Doe van uw kant uw best om aandachtig te bidden; wanneer wij zo onszelf voorbereiden en vast gegrondvest zijn op de goddelijke geboden, dan zal de barmhartige God ons op Zijn tijd de vrucht van het ware gebed schenken.

Heilige Joannes Klimax:

Doe uw best om uw gedachten weg te sluiten in de woorden van het gebed. Als dit nog in zijn kinderschoenen staat en de aandacht afdwaalt of er genoeg van krijgt, breng uw gedachten er dan weer naartoe terug. Het ligt in de aard van onze geest om onstandvastig te zijn. Maar Hij Die het heelal beheerst, kan ook onze aandacht onder controle krijgen. Naarmate u ervaring opdoet in het gebed en er u voor inspant, zal blijken dat Hij Die aan de zee haar grenzen gesteld heeft, gedurende het gebed ook tot uw geest zal zeggen: "Tot hiertoe en niet verder", zoals Job verhaalt (Job 38:11).

Houd vol om te worstelen met uw gedachten, en wanneer die zich naar alle kanten willen verstrooien, raap ze dan bijeen. God eist niet van beginnelingen dat ze geheel zonder verstrooidheid bidden. Verlies niet de moed wanneer uw gedachten zo gemakkelijk afgeleid worden; bewaar uw kalmte en houd vol om uw geest steeds opnieuw tot zichzelf te doen terugkeren.

Hegoumen Chariton:

Om de goddelijke liefde in ons hart te ontsteken, om ons in een onscheidbare liefde met God te verenigen, is het nodig om vaak te bidden, om telkens opnieuw onze geest op te heffen tot Hem. De vlammen van een vuur kunnen alleen maar hoog opstijgen als het steeds met brandstof wordt gevoed. Zo doet ook ons steeds hernieuwde gebed onze geest wonen in de diepten van God, en wordt er goddelijke liefde opgewekt in ons hart. Maar wanneer het hart brandt, dan wordt heel de innerlijke mens verwarmd.

Een geestelijk werk is nooit klaar, noch vast gevestigd. Dit geldt in het bijzonder voor het gebed. Bid daarom altijd alsof het voor de eerste keer was.

Wanneer we iets voor het eerst doen, dan gebeurt dat met frisse moed en vers ontloken geestdrift. Zo moeten we, wanneer we beginnen te bidden, ertoe naderen alsof we nog nooit eerder werkelijk hadden gebeden; alsof we het nu voor de eerste keer echt wensen te doen. Dan zult u bidden met hernieuwde, levendige ijver; en dan zal alles goed gaan.

Heilige Isaäk de Syriër:

Treed vol verwachting binnen in de schatkamer die in u besloten ligt, want daar zult u de schatkamer zien van het koninkrijk der hemelen. Ze zijn hetzelfde, en er is slechts één enkele ingang voor beide. De trap of ladder die leidt naar het koninkrijk, ligt binnen in onszelf verborgen. Duik in uw eigen ziel: daar zult u de sporten van de ladder vinden die tot in de hemel reikt. Want Christus heeft Zelf gezegd: "Het koninkrijk der hemelen is binnen u."

Het koninkrijk der hemelen is binnen u, in zoverre de Zoon van God in u woont. Daar, binnenin, zijn de rijkdommen van de hemel: ze liggen voor u klaar als u ernaar verlangt. Treed binnen in uzelf, zoek met aandrang, en u zult het vinden.

Buiten om ons heen is de dood, en de deur naar buiten is de zonde. Treed liever in uzelf; vestig u in uw eigen hart, want daar is God.

Bisschop Ignatij Brantsjaninov:

Wanneer we met het Jezusgebed beginnen, dan moeten we het met de mond uitspreken en onze geest geheel en al opsluiten in de woorden van het gebed. Daarmee bedoelen we dat we onze gehele aandacht moeten vestigen op de betekenis van de woorden, want anders is ons gebed gelijk aan een dood lichaam zonder ziel.

Laten we het aan de Heer overlaten om Zelf ons aandachtig mondgebed langzamerhand om te vormen in het geestelijk gebed van hart en ziel. Hij zal dit zeker doen, zodra we slechts een beetje gereinigd zijn, wat opgevoed, rijper geworden en voorbereid door het beoefenen van de voorschriften van het Evangelie.

Een voorzichtig ouder geeft geen scherp zwaard aan zijn kleine zoontje. Een kind is nog niet in staat om een zwaard te gebruiken tegen een vijand; veeleer zal het spelen met het gevaarlijke wapen en er zichzelf mee verwonden.

Wanneer wij nog een kind zijn in onze geestelijke groei, dan zijn we nog niet in staat om geestelijke gaven te ontvangen. We zouden er geen profijt van hebben, niet voor onszelf, noch voor onze naaste, noch in de strijd tegen de vijand, noch voor de eer van God. We zouden er onszelf mee verwonden: onszelf bedriegen en met dodelijke trots vervuld worden en een gevaar vormen voor onze naaste.

Zelfs nu we geen geestelijke gaven bezitten, maar eerder van allerlei afkeer verwekkende driften vervuld zijn, zien we kans om trots te zijn op onszelf en onszelf te verheffen, terwijl we een hard oordeel vellen over onze naaste, die misschien in veel opzichten beter is dan wijzelf. We willen hem zelfs vernederen! Wat zou er dan wel gebeuren wanneer we een of andere geestelijke gift hadden ontvangen, waardoor we onszelf zouden kunnen presenteren als een uitverkoren vat van God?!

Laten wij er ons in de eerste plaats op toeleggen om onze werkelijke toestand te erkennen: hoezeer wij tekortschieten. Dit inzicht zal zich ontwikkelen naarmate wij ernst maken met het uitvoeren van de geboden van het evangelie. Dan zullen wij inzicht krijgen in onze gebrokenheid. En wanneer onze ogen daarvoor zijn opengegaan, laat ons dan in de geest voor Christus staan, in het gezelschap van de melaatsen, de blinden, de doven, de kreupelen, de verlamden, de bezetenen. Dan komt onze bedroefde kreet om barmhartigheid rechtstreeks uit ons hart, en dan bidden wij tot Hem vanuit de armoede van onze geest; dan bidden wij vanuit een hart dat vermorzeld is door treurnis over onze zondigheid.

Wanneer wij werkelijk bedroefd zijn, dan vinden wij geen plechtige woorden of verheven uitdrukkingen noch wijdlopige gedachten. Het enige dat we dan nog kunnen doen is onze bede vol te houden en steeds opnieuw te beginnen met dat korte en toch zo betekenisvolle gebed:

HEER JEZUS CHRISTUS, ZOON VAN GOD,
ONTFERM U OVER MIJ, ZONDAAR.

Uitgeverij Orthodox Logos

- *De Orthodoxe Kerk: Verleden en heden* – Jean Meyendorff
- *Biecht en communie* – Alexander Schmemann
- *Verliefd Zijn op het Leven* – Samensteller: Maxim Hodak
- *De Orthodoxe Kerk* – Aartspriester Sergei Hackel
- *De mensenrechten in het licht van het Evangelie* – Nicolas Lossky
- *Geboren in Haat Herboren in Liefde* – Klaus Kenneth
- *Hegoumena Thaissia van Leouchino: brieven aan een novice*
- *Het Jezusgebed* – Een monnik van de oosterse kerk
- *Gebedenboek Voor Kinderen: Volgens De Orthodox Christelijke Traditie*
- *Dagboek Van Keizerin Alexandra* – Keizerin Alexandra
- *Mijn ontmoeting met Archimandriet Sophrony* – Aartspriester Silouan Osseel
- *Stap voor stap veranderen* – Vader Meletios Webber
- *De Weg Naar Binnen* – Metropoliet Anthony (Bloom) Van Sourozh
- *Geraakt door God's liefde* – Klooster van de Levenschenkende Bron Chania
- *De Heilige Silouan de Athoniet* – Archimandrite Sophrony
- *The Beatitudes: A Pathway to Theosis* – Christopher J. Mertens
- *De Kracht van de Naam* – Metropoliet Kallistos van Diokleia
- *De Orthodoxe Weg* – Metropoliet Kallistos van Diokleia

- *Serafim van Sarov* – Irina Goraïnoff
- *Feesten van de Orthodoxe Kerk – een Leerzaam Kleurboek*
- *Catechetisch Woord over het Gebed van het Hart* – Aartspreiester Silouan Osseel
- *Naar de Eenheid?* – Leonide Ouspensky
- *Bidden Met Ikonen* – Jim Forest
- *Onze Gedachten Bepalen Ons Leven* – Vader Thaddeus Van Vitovnica
- *Alledaagse Heiligen En Andere Verhalen* – Archimandriet Tichon (Sjevkoenov)
- *Geestelijke Brieven* – Vader Jozef De Hesychast
- *Nihilisme* – Vader Serafim Rose
- *Gods Openbaring Aan Het Menselijk Hart* – Vader Serafim Rose
- *In De Kaukazus* – Monnik Merkurius
- *Terugkeer* – Archimandriet Nektarios Antonopoulos
- *Weest ook gij uitgebreid* – Archimandriet Zacharias (Zacharou)
- *Orthodoxie en de religie van de toekomst* – Vader Serafim Rose
- *Grégoire Krug – Notities van een Ikonenschilder*
- *De Orthodoxe Verering van Maria 'De Theotokos'* – De heilige John Maximovitch
- *Christus het nieuwe Paaslam* – Valentina Zander
- *Drieëndertig Dwazen om Christus* – Spyridon & Isidora
- *De zin van ons leven* – Archimandriet Adriaan (Korporaal)

- *Orthodoxe spiritualiteit* – Archimandriet Adriaan (Korporaal)
- *De Nieuwe Mens.* – Archimandriet Adriaan (Korporaal)
- *De Schoonheid der Heilige Liturgie* – Archimandriet Adriaan (Korporaal)
- *Het Jezusgebed* – Archimandriet Adriaan (Korporaal)
- *Our Orthodox Holy Family* – Deacon David Lochbihler, J.D.
- *Prayers to Our Lady East and West* – Deacon David Lochbihler, J.D.
- *The Joy of Orthodoxy* – Deacon David Lochbihler, J.D.
- *The Inner Cohesion between the Bible and the Fathers in Byzantine Tradition* – S.M. Roye
- *St. Germanus of Auxerre* – Howard Huws
- *Elder Anthimos Of Saint Anne's* – Dr. Charalambos M. Bousias
- *Orthodox Preaching as the Oral Icon of Christ* – James Kenneth Hamrick
- *The Final Kingdom* – Pyotr Volkov
- *From Manhattan to the Holy Mountain of Athos* by Thodoris Spiliotis

UITGEVERIJ ORTHODOX LOGOS
www.orthodoxlogos.com

www.ingramcontent.com/pod-product-compliance
Lightning Source LLC
Chambersburg PA
CBHW020548080526
44583CB00013B/1045